AF248157

OBSERVATIONS

SUR

LES PROPOSITIONS

DE M. LAFITTE,

IMPRIMÉES A LA SUITE DE SES DISCOURS SUR LES
80 MILLIONS.

OBSERVATIONS

SUR

LES PROPOSITIONS

DE M. LAFITTE,

IMPRIMÉES A LA SUITE DE SES DISCOURS

SUR L'EMPRUNT DES 80 MILLIONS;

PAR ARMAND SÉGUIN,

Membre correspondant de l'Académie Royale des Sciences.

De pures intentions ne suffisent
pas en finances, pour déchirer le
voile dont se couvre la vérité.

PARIS,

IMPRIMERIE DE COSSON,

RUE SAINT-GERMAIN-DES-PRÉS, N° 9.

JUIN 1828.

OBSERVATIONS

SUR

LES PROPOSITIONS

DE M. LAFITTE,

IMPRIMÉES A LA SUITE DE SES DISCOURS

SUR L'EMPRUNT DES 80 MILLIONS.

L'UNE des principales pensées de M. Lafitte, dans ses dernières *propositions, est de chercher à insinuer qu'on pourrait rembourser les 5 pour cent, à l'aide d'emprunts faits sur des* 3.

Comme ce genre d'*insinuation* serait de nature à faire naître, dans l'esprit des rentiers 5 pour cent, de *nouvelles craintes* qui, malgré leur peu de fondement, pourraient enfin parvenir à les faire tomber dans de nouveaux piéges de *déception*, sinon probables au moins possibles, j'ai cru, dans leur intérêt et dans celui de l'état, devoir *approfondir* les dernières *propositions* de M. Lafitte.

Si je n'avais été dirigé par un tel *motif*, je me serais abstenu de me mettre de nouveau en *opposition* de *vues* et d'*idées* avec M. Lafitte, pour lequel je partage d'ailleurs très-sincèrement la grande considération attachée à sa personne.

M. Lafitte commence par reconnaître, ainsi que l'ont établi ceux qui précédemment ont écrit sur cette matière, *la nécessité d'un partage et d'une affectation spéciale et proportionnée de la puissance amortissante entre les diverses natures de rentes qui circulent sur la place.*

En conséquence, il attribue aux 3 pour cent une part relative qu'il porte à

27,000,000 fr.

Sur les 54,000,000 fr. de 3 pour cent, dit M. Lafitte, « environ 11 millions se trouveront rache-
» tés à la fin de cette année, et 14 millions à la
» fin de l'année prochaine. »

Dans cette situation, M. Lafitte prend pour bases de ses combinaisons d'améliorations les *suppositions suivantes :*

Que les 40 millions de rentes 3 pour cent se-raient rachetés en onze années, au cours moyen de 82 fr. 50 cent. pour 3 fr., à l'aide d'une puis-sance amortissante de

77,000,000 fr.

Il *enfle* jusqu'à cette somme sa puissance amor-tissante qui, d'après son partage, ne devrait être que de 27 millions, parce qu'il *prononce,* ce qui cépen-dant ne peut être considéré comme un *résultat infaillible,* que, pendant ces onze années, le cours des 5 pour cent ne s'abaissera pas au-dessous de

100 fr., et que dès-lors les 50 millions qu'il affecte à leur dotation, ne pouvant plus avoir d'emploi en 5 que par *remboursement* sans emprunt, mode qui lui présente des difficultés d'adoption, devront se reporter en entier, et sans autre emploi, sur l'amortissement des 3.

C'est par ces *présomptions*, très-controversables, qu'il se procure pour les 3 une puissance amortissante si considérable.

Quoiqu'il ne dise pas *positivement* que telle est sa marche, il est cependant impossible de ne pas admettre qu'il en soit ainsi, car autrement on serait forcé de relever dans ses résultats des erreurs de calcul par trop inconcevables.

En suivant cette voie, M. Lafitte *tranche*, de sa propre autorité, plusieurs questions importantes, dont la *solution*, encore controversée, mériterait cependant un sérieux examen ; solution que j'ai déjà cherché à éclaircir dans mes précédens ouvrages, et sur laquelle je reviendrai *succinctement* dans celui-ci, et *plus amplement* lors de la présentation du plan d'ensemble sur notre situation financière, que j'ai annoncé devoir distribuer avant la discussion sur l'application de notre amortissement.

Ces questions sont celles-ci :

En supposant maintien des 5 pour cent au pair, la portion de puissance amortissante qui leur serait consacrée devrait-elle tourner au profit de l'amortissement des 3, plutôt qu'au profit, sui-

vant des modes convenans , du remboursement des 5 ?

Sous l'aspect de généralité , et particulièrement sous celui de notre spécialité , y aurait-il de l'avantage à rembourser au pair des capitaux dus pour des 5 pour cent , avec le produit d'emprunts faits sur des 3 pour cent?

Observons, avant tout, et ce point est *décisif* dans le *choix* des modes d'emprunts, qu'il existe dans le système des emprunts , sans augmentation de capital, comparativement à celui des emprunts, avec augmentation de capital, un aspect qui, *seul*, suffirait pour faire préférer les premiers aux derniers; voici cet aspect :

Lorsque des emprunts ne sont pas faits au pair sur des valeurs dont le taux d'intérêt est égal au taux de l'intérêt transactionel, ou, à défaut, au taux autorisé par la loi, on est maîtrisé par l'importance de la dotation nécessaire; tandis que lorsqu'il y a parité entre le taux de l'intérêt de l'emprunt, le taux constitué de la valeur sur laquelle on emprunte, et le taux de l'intérêt transactionnel, ou, à défaut, le taux autorisé par la loi, on peut, sans nuire aux prêteurs, diminuer, même restreindre à bien peu de chose, les fonds créés ou à créer pour les dotations, et, conséquemment, apporter à la position des contribuables des décharges réelles et importantes: car il faut remarquer, ce qui est d'un grand poids dans ces considérations, que si, par une plus longue durée de la libération, on prolonge le paiement des arrérages, on prolonge également, et dans le même rapport, le maintien des jouissances; or, comme en dernier résultat, dans tout emprunt fait à un taux quelconque d'intérêt sur une valeur constituée au même taux d'intérêt, il y a d'une part balance entre le capital reçu et le capital rendu, et d'autre part balance entre les arrérages et les jouissances, le plus ou le moins de durée de la libération ne peut apporter aucun changement dans la position matérielle de l'emprunteur et du prêteur, qui dès lors ne peuvent être influencés dans leur choix d'emploi que par des motifs de convenances.

Passons maintenant à la solution des questions que suggère notre discussion.

Iʳᵉ QUESTION.

En principe général, et dans notre position particulière, y aurait-il aujourd'hui avantage ou désavantage à emprunter sur des 3, pour rembourser les 5 ?

Sur la place le cours des 5 étant à 70 fr.; le taux le plus avantageux auquel on pourrait espérer faire un emprunt sur cette valeur serait celui de 68 fr. pour 3 fr.

Cet avantage d'environ 3 pour cent pour les prêteurs intermédiaires, à spéculation, serait à peine suffisant pour les déterminer à s'interposer dans l'emprunt.

Le prêteur à placement, en prenant ces rentes

à 70 fr. pour 3 fr., se ferait avec un capital de 70,000 fr. un revenu de. . . . . 3,000 fr.

En plaçant cette même somme sur des 5 pour cent il se ferait un revenu de. . . . . 3,500.

Son revenu se trouverait donc diminué, par son placement en 3, de 500 fr.

Mais en même temps il aurait la perspective d'une possibilité d'augmentation de capital de

30,000 fr.

La première question qu'il devrait résoudre, dans son intérêt, serait donc celle-ci :

Combien faudrait-il d'années pour qu'une somme de 500 fr., se renouvelant tous les ans, calculée en capital et intéréts, s'élevât à la somme de

30,000 fr.

Des calculs convenables prouvent qu'il faudrait une durée de

28 ans, 5 mois, 1 jour.

La seconde question qu'il devrait se proposer serait celle-ci :

Quelle serait la dotation nécessaire pour amortir en 28 ans, 5 mois, 1 jour, à l'intérét de 3 $\frac{53}{100}$, *c'est-à-dire à l'intérêt du taux moyen entre le taux constitué et le cours de 70 fr., un capital de 85,000 fr. ?*

Des calculs convenables prouvent que cette dotation devrait s'élever à

1,785 fr.

De son côté l'emprunteur, pour établir parité dans ses bases de comparaison, devrait se faire, et résoudre cette question :

Qu'elle devrait être la dotation nécessaire pour amortir au taux constitué de 5 pour cent, en 28 ans, 5 mois, 1 jour, un capital de 68,000 fr. ?

Des calculs convenables prouvent que cette dotation devrait être de

1,133 fr.

Dans cette position, ayant même durée de libération, il est évident que l'opération la plus avantageuse serait celle dont l'ensemble des débours serait le moins considérable.

Comparons donc ces debours.

Position en 3 pour cent.

Service des arrérages pour un encaissement de 68,000 francs. . . . . 3,000 fr.
Service de la dotation. 1,785
Ensemble . . . . 4,785 fr.

Position en 5 pourcent.

Service des arrérages pour une jouissance de
68,000 fr. . . . .   3,400 fr.
Service de la dotation.   1,133
                                        —————
Ensemble. . . . .   4,533 fr.
                                        ═════

Comparaison.

Débours pour opération en 3 . .   4,785 fr.
Débours pour opération en 5 . .   4,533
Différence à l'avantage des 5, et au
                                        —————
détriment des 3 . . . .   252 fr.
                                        ═════

Il y aurait donc, en principe général, du désavantage à emprunter sur des 3 pour cent pour
rembourser des 5.

Maintenant appliquons ces principes de généralité à notre spécialité.

IIme QUESTION.

*Dans notre position, y aurait-il possibilité de
faire un emprunt sur des 3 pour cent, pour rembourser les 5?*

Dans la supposition qu'on voulût aujourd'hui
rembourser les 5 avec un emprunt fait sur des 3,
négociés à 68 fr. pour 3 fr., il faudrait d'abord rechercher s'il y aurait possibilité que l'emprunt
fût réalisable; puis, en second lieu, il faudrait s'as-

surer si l'opération serait désavantageuse ou avantageuse à l'état.

D'après M. Lafitte, le capital de 120 millions
de rentes, 5 pour cent, qu'il voudrait qu'on éteignît
par des remboursemens fondés sur des emprunts
faits sur des rentes 3 pour cent , est de

$$2,400,000,000 \text{ fr.}$$

Pour obtenir au taux de négociation de 68 fr.
pour 3 fr. une somme de 2,400,000,000 fr., il faudrait, en 3 pour cent, une
émission de . . . .   105,880,000 fr.

   A quoi joignant la masse des
3 pour cent existant en 1830,
savoir   40,000,000

La masse des 3 pour cent

rachetables serait de. . . . . .   145,880,000 fr.

Dans ce cas, les 5 pour cent se trouvant rem-
boursés, notre dette rentière se bornerait à cette
masse de 3 pour cent.

La question à résoudre serait dès-lors celle-ci :

Combien faudrait-il d'années pour, avec une do-
tation de 77,503,204 fr. utilisée à l'intérêt de $3 \frac{45}{100}$,
amortir 145,880,000 fr. de rentes 3 pour cent au
capital de 4,133,266,666 fr.?

Des calculs convenables prouvent que la durée de l'amortissement serait de

31 ans, 4 mois, 17 jours.

———

Nous avons dit ci-devant que, pour qu'un emprunt de cette nature fût réalisable, il faudrait que la complète libération fût calculée sur une durée de

28 ans, 5 mois, 1 jour.

———

Il est donc très-probable que l'emprunt ne serait pas réalisable.

Mais supposons que, par aveuglement, ignorance ou dévouement d'enthousiasme, l'emprunt se réalisât, voyons si, dans ce cas, il aurait matériellement amélioré la position de l'état.

IIIme QUESTION.

Y aurait-il, en supposant même possibilité de réalisation, avantage pécuniaire pour l'état de rembourser les 5, en empruntant aujourd'hui sur des 3 ?

Pour résoudre cette question commençons par établir la durée de libération que comporterait un remboursement sans emprunt, effectué avec notre puissance amortissante, utilisée d'après la voie de l'intérêt composé.

Ici nous devons rechercher 1°, en combien d'années, avec une puissance de 77,503,204 fr., utilisée à l'intérêt de 3 $\frac{53}{100}$ pour cent, c'est-à-dire à 85 fr. pour 3 fr., ou amortirait 40,000,000 de rentes, au capital de

$$1,133,333,000 \text{ fr.}$$

Des calculs convenables prouvent que la durée de ce complet amortissement serait de

$$11 \text{ ans, } 7 \text{ mois, } 20 \text{ jours.}$$

2° En combien d'années, avec une puissance de 117,503,204 fr., utilisée à l'intérêt de 5 pour cent, on amortirait 120,000,000 de rentes 5 pour cent, au capital de 2,400,000,000 fr.

Des calculs convenables prouvent que la durée du complet amortissement serait de

$$14 \text{ ans, } 5 \text{ mois, } 2 \text{ jours.}$$

L'ensemble de ces deux durées se composerait ainsi qu'il suit :

Libération des 3.........	11 a.	7 m.	20 j.
Libération des 5........	14	5	2
Ensemble. ..... : .	26 a.	» m.	22 j.

Comparaison entre la durée de la libération pour remboursement par emprunt, et la durée de la libération pour remboursement sans emprunt.

Durée pour remboursement par emprunt. . . . . 31 a. 4 m. 17 j.

Durée pour remboursement sans emprunt. . . . · . . . . . 26 » m. 22

Différence à l'avantage du

remboursement sans emprunt. 5 a. 3 m. 25 j.

Maintenant comparons les débours dans ces deux positions.

Les débours, dans la position du remboursement par emprunt, se composeraient ainsi qu'il suit :

3 pour cent déjà existant en 1830. . . . . 40,000,000 fr.

3 pour cent émis pour l'emprunt. . . . . 105,880,000.

Puissance amortissante. . . . 77,503,204.

Ensemble. . . . · . 223,383,204 fr.

Les débours, dans la position du remboursement sans emprunt, se composeraient ainsi qu'il suit :

3 pour cent déjà existant
en 183o. . . . .   40,000,000 fr.
5 pour cent. . . . . ?   120,000,000
Puissance amortissante. . . .   77,5o3,2o4

     Ensemble. . . . . .   237,5o3,2o4 fr.

Comparaison.

Débours sans emprunt. . . .   237,5o3,2o4 fr.
Débours par emprunt. . . .   223,383,2o4
Différence à l'avantage du

remboursement par emprunt.   14,120,2o4 fr.

Il conviendrait en outre dans cette position de résoudre ces questions :

1.° *A quelle somme s'éleverait, au bout de 26 ans 22 jours, une somme de 14,120,000 fr., se renouvelant tout les ans et utilisée à l'intérêt de* 3 $\frac{320}{1000}$?

Des calculs convenables prouvent que cette somme s'éleverait à

     788,15o,ooo fr.

2.° *A quelle somme s'éleverait au bout de 5 ans, 3 mois, 25 jours, une somme de 788,15o,ooo fr. utilisée à l'intérêt de* 3 $\frac{53}{100}$?

2

Des calculs convenables prouvent qu'elle s'éleverait à

939,400,000 fr.

⸻

Par contre, établissons le bénéfice résultant du remboursement sans emprunt.

Dans cette opération, la différence en moins de la durée de libération serait de

5 ans, 3 mois, 25 jours

⸻

Pendant ce temps, on ménagerait les débours de l'opération du remboursement par emprunt.

Ces débours s'élèvent à 223,383,204 fr.

La question à résoudre est donc celle-ci :

A quelle somme s'éleverait au bout de 5 ans, 3 mois, 25 jours, une somme de 223,383,204 fr., se renouvelant tous les ans, et utilisée à l'intérêt de 3 $\frac{529}{1000}$?

Des calculs convenables prouvent qu'elle s'éleverait à

1,215,000,000 fr.

⸻

Comparaisons à l'époque de la plus longue durée de libération.

Moindre débours par remboursement sans emprunt. . . . .   1,215,000,000 fr.

Moindre débours par rem-
boursement avec emprunt. . .   939,400,000 fr.

Différence à l'avantage du
remboursement sans emprunt.   275,600,000 fr.

Ainsi, il est évident qu'aujourd'hui et dans l'état des choses, ce serait sous tous les aspects une véritable déraison de se bercer encore de l'espoir qui faisait la base des projets de 1824. Dans notre position, il y aurait, cela est incontestable, plus d'avantage à laisser les choses dans l'état ou elles sont, plutôt que de tenter un remboursement forcé, fondé sur des emprunts réalisables, faits sur des 3 pour cent.

Aussi n'est-on pas encore assez confiant dans l'enthousiasme, ou pour mieux dire, dans la bonhomie des préteurs à placement, pour leur représenter, immédiatement, les projets de 1824, et pour leur proposer, de suite, des emprunts sur des 3 pour cent.

Plus tard, peut-être, les intéressés primitifs, les auteurs et fauteurs des projets, y reprendront-ils goût.

Le dernier mot n'en serait-il pas dit!

Quoi qu'il en puisse être, nos directeurs à voie ténébreuse, semblent consentir, peut-être bien forcément, à ajourner ce projet à onze années.

C'est déja quelque chose de gagné.

Avec de la tenacité, et du temps devant soi, on

peut toujours conserver l'espoir raisonnable de n'être pas vaincu.

Onze années!

Dans un tel laps de temps, il peut, il doit même survenir bien des changemens dans les principes dangereux, dans les choses, dans les situations, et dans les intérêts de direction ou d'influence; profitons-en, si nous sommes sages, et si nous entendons bien nos intérêts.

Mais en attendant, reportons-nous à l'expiration de ces onze années, favorisées, pendant leur durée, de la persévérance de fait des deux suppositions de M. Lafitte. Admettons qu'on ne s'occuperait du remboursement des 5 qu'à cette époque; et supposons qu'à ce moment, on veuille rembourser la totalité des 5 pour cent par un emprunt de 2,400,000,000 fr., remboursables à époques convenues, fait sur des 3 pour cent, au taux de négociation de 75 fr. pour 3 fr.

IVme QUESTION.

Y aurait-il, dans onze ans, intérêt pécuniaire pour l'état à rembourser les 5 pour cent avec le produit d'un emprunt sur des 3, fait à 75 francs pour 3 francs ?

La première recherche que nécessiterait la solution de cette question serait celle-ci:

Combien faudrait émettre de rentes 3 pour cent,

pour, à la négociation de 75 *fr. pour* 3 *fr., obtenir un capital de* 2, 400,000,000 fr.?

On trouve qu'il faudrait que cette émission fût de :

96,000,000 fr., rentes 3 pour cent.

———————

La seconde question serait celle-ci :

Avec une puissance de 117,503,204 fr. *utilisée à l'intérêt de* 3 $\frac{428}{1000}$ *c'est-à-dire de* 87 f. 50 c. *pour* 3 f., *taux intermédiaire entre le taux constitué et le taux de négociation, combien faudrait-il d'années pour amortir* 96,000,000 fr. , *rentes* 3 *pour cent, au capital de* 2,800,000,000, fr. ?

Des calculs convenables prouvent que cette durée serait de :

17 ans, 9 mois, 2 jours.

———————

Établissons maintenant une comparaison de durée dans le cas de remboursement sans emprunt.

A cet effet, voici la question que nous devons résoudre :

En combien d'années, avec une puissance de 117,503,204 *francs , utilisée à l'intérêt de* 5 *pour* $\frac{0}{0}$ *, amortirait-on* 120,000,000 fr. *de rentes* 5 *pour cent, au capital de* 2,400,000 f. ?

Des calculs convenables prouvent que la durée du complet amortissement serait de

14 ans, 5 mois, 2 jours.

COMPARAISON DES DURÉES.

Durée par emprunt . . . . . 17 a. 9 m. 2 j.
Durée sans emprunt 14   5   2
Différence de durée à l'avantage
du remboursement sans emprunt . . 3 a. 4 m. » j.

Maintenant comparons les débours dans les deux positions.

COMPARAISON DES DÉBOURS.

*Situation dans la position de remboursement
par emprunt.*

Les débours, dans la position de remboursement par emprunt, se composeraient ainsi qu'il suit :

3 pour cent par emprunt . .   96,000,000 f.
Puissance amortissante . . . 117,503,204.
Ensemble . . . . 213,503,204 f.

*Situation dans la position de remboursement
sans emprunt.*

Rentes 5 pour cent . . . . 120,000,000 f.
Puissance amortissante . . . 117,503,204.
Ensemble . . . . 237,503,204 f.

Comparaison.

Débours sans emprunt . . 237,503,204 f.
Débours par emprunt . . . 213,503,204.
Différence à l'avantage du rem-
boursement par emprunt . . . 24,000,000 f.

Il convient, dans cette position, de résoudre ces deux autres questions.

1° *A quelle somme s'éleverait au bout de* 17 *ans,* 9 *mois,* 2 *jours, une somme de* 24,000,000 *fr., se renouvelant tous les ans, utilisée à l'intérêt de* 3 $\frac{428}{1000}$?

Des calculs convenables prouvent que cette somme s'éleverait à

571,800,000 fr.

2° *A quelle somme s'éleverait, au bout de* 5 *ans,* 3 *mois,* 25 *jours, une somme de* 571,800,000 *fr., utilisée à l'intérêt de* 3 $\frac{428}{1000}$?

Des calculs convenables prouvent qu'elle s'élevait à

639,600,000 fr.

Par contre, établissons le bénéfice résultant du remboursement sans emprunt. Dans cette position, la moindre durée comparative de complète libération serait de

3 ans, 4 mois.

Pendant ce temps on ménagerait les débours du remboursement par emprunt.

Ces débours s'éleveraient annuellement à

$$213,503,204 \text{ fr.}$$

La question à résoudre serait donc celle-ci :

A quelle somme s'éleverait, au bout de 3 ans, 4 mois, une somme de 213,503,204 francs, se renouvelant tous les ans, et utilisée à l'intérêt de 3 $\frac{458}{3000}$?

Des calculs convenables prouvent qu'elle s'éleverait à

$$738,500,000 \text{ fr.}$$

Comparaison à l'époque de la plus longue durée de la libération.

Moindre débours annuel par remboursement sans emprunt. . . . . 738,500,000 fr.

Moindre débours annuel par remboursement avec emprunt. . . . . 639,600,000 fr.

Différence à l'avantage du remboursement sans emprunt. 98,900,000 fr.

Il est donc évident que dans onze années, de même qu'aujourd'hui, il y aurait encore sous ce dernier aspect du désavantage matériel à opérer le remboursement des 5 par voie d'emprunt, plutôt que par voie de remboursement sans emprunt.

Pour épuiser cette controverse, présentons encore la question sous un dernier aspect.

———

Nouvelle preuve de la perte que procurerait à l'état un remboursement des 5, fondé sur un emprunt en 3.

Il est sensible qu'en se reportant en 1841, et en supposant à cette époque la volonté de subvenir au remboursement des 5 par un emprunt sur des 3, les conditions pour l'emprunteur, en admettant l'emprunt réalisable, conditions qui, dans la position où se trouveraient alors les choses soit par le fait de cette volonté, soit par la situation de la place, dépendraient plus ou moins presque uniquement de convenances et de considérations d'un ordre qui aujourd'hui pourrait échapper à la perspicacité la plus exercée ; ces conditions pour l'emprunteur, dis-je, lui seraient plus ou moins onéreuses, suivant que le taux de la négociation serait plus ou moins élevé.

Car, en principe général, les débours annuels seraient d'autant plus considérables que la négociation aurait lieu à un prix moins élevé, parce que, d'une part, le taux de l'intérêt de l'emprunt en serait plus élevé, et parce que, d'autre part, l'augmentation possible du capital en deviendrait plus considérable : sources d'augmentation de débours annuels qui, à la vérité, devraient être quelque peu, et jusqu'à due concurrence, compensés par le plus haut taux de l'intérêt des rachats qui influerait en moins sur l'importance de la dotation nécessaire pour, dans un même espace de temps, effectuer la complète libération.

Or, comme cette fixation du taux de la négociation est, dans tous les projets d'emprunts, plus ou moins arbitraire, plus ou moins contestable, il en résulte, qu'en écartant même toutes les considérations de détérioration de position, on ne peut fonder cette fixation que sur un ordre de probabilités raisonnable; et, à cet effet, je prendrai les antécédens de 1824.

Alors on voulait rembourser les 5 pour cent; et quoiqu'il n'existât pas encore de 3 pour cent d'indemnités, les prêteurs ne consentaient à l'emprunt projeté qu'au taux de négociation de 75 fr. pour 3 fr.

En 1841, les 3 pour cent des indemnités se trouvant entièrement rachetés (toujours dans la supposition de M. Lafitte d'un appui exclusif de la totalité de la puissance amortissante), nous serions replacés, sauf l'influence des événemens d'extérieur et d'intérieur, dans une position semblable à celle de 1824, particulièrement relativement aux 5 pour cent.

L'ordre des probabilités serait donc qu'on ne devrait pas espérer placer en 1841 à un prix de négociation supérieure à 75 fr. pour 3 fr.

Cependant, contrairement aux antécédens, aux cours jusqu'ici les plus élevés sur la place, à ma croyance et à mes bases de perspicacité, je vais admettre qu'on parviendrait à emprunter sur des 3, à 80 fr. pour 3 fr., et je vais prouver que, même à ce taux, il y aurait encore pour l'Etat une perte importante.

Voici dans ce cas les questions à résoudre :

1° *Quelle serait la somme de 3 pour cent à émettre, pour, au cours de 80 fr. pour 3 fr., obtenir une somme de 2,400,000,000 fr. ?*

Des calculs convenables prouvent que cette émission devrait être de

90,000,000 fr. 3 pour cent.

2° *Quelle serait la dotation nécessaire pour, en 14 ans, 5 mois, 1 jour, au taux d'intérêt de 3 un tiers pour cent, c'est-à-dire, au taux de 90 fr. pour 3 fr. prix intermédiaire entre le taux constitué et le taux d'émission, amortir 90 millions de rentes 3 pour cent, au capital de 2,700,000,000 fr. ?*

Des calculs convenables prouvent qu'il faudrait que cette dotation fût de

148,760,000 fr.

Comme, dans cette position, la durée serait la même que celle du remboursement des 5 sans emprunt (*voy.* pag. 15), il suffit de comparer les débours annuels dans ces deux positions pour déterminer laquelle serait la plus avantageuse à l'Etat.

Etablissons donc la comparaison de ces débours.

Débours dans la position du remboursement avec emprunt.

Pour service des rentes. . . . 90,000,000 fr.
Pour service de la dotation. . 148,760,000 fr.
Ensemble. . . . . . 238,760,000 fr.

Débours dans la position du remboursement sans emprunt.

Service des arrérages. . . . . 120,000,000 fr.
Service de la dotation. . . . 117,503,204
Ensemble. . . . . . 237,303;204 fr.

Comparaisons.

Les débours annuels dans la position de remboursement par emprunt seraient de. . . . . 238,760,000 fr.

Les débours annuels de la position du remboursement sans emprunt seraient de. 237,303,204

La différence à l'avantage du remboursement sans emprunt serait donc encore annuellement de. . . . . 1,256,796 fr.

On peut donc regarder de nouveau comme constant par cet exemple, que, à moins de partir de suppositions contraires aux ordres raisonnables de probabilité, il y aurait sous tous les aspects désavantage pécuniaire pour l'Etat de fonder un remboursement des 5 sur un emprunt sur des 3.

Il résulte de ces rapprochemens,

1° Que les propositions d'amélioration de M. Lafitte reposent sur deux suppositions : la première, que le cours des 5 pour cent se maintiendra constamment et sans déviation au-dessus du pair de 100 fr. ; la seconde qu'en cas de ce maintien, il n'existerait pas d'emploi plus avantageux et plus convenant que l'application aux 3 pour cent de la portion de puissance amortissante affectée aux 5, momentanément suspendue dans son application primitive.

2° Que par voie de remboursement sans emprunt, on pourrait atteindre, avec plus d'avantage pour l'Etat, le but que se proposerait M. Lafitte.

Redisons-le donc, parce que nous ne saurions trop nous répéter à ce sujet.

Il n'y a d'espoir fondé dans la diminution d'intérêt de notre dette rentière qu'autant qu'il y aura disparition des 5 pour cent circulant.

Dans l'état des choses, il n'y a d'autre espoir raisonnable de cette disparition, que dans une libération, soit par voie d'amortissement, soit par voie de remboursement sans emprunt.

En attendant, les modes d'emprunts les moins onéreux pour l'état, seront les emprunts faits sur des valeurs à taux constitué égal à celui de l'emprunt.

Ces propositions sont pour moi d'une telle évidence que je les regarde comme des vérités absolues, démontrées et inattaquables.

Je terminerai néanmoins cette discussion, en disant ce qu'a dit, avec sagesse et modestie, M. Lafitte :

« Si la discussion, que je crois toujours utile,
» venait à me démontrer que mes doctrines sont
» erronées, sincère avant tout, et ne croyant pas
» à l'infaillibilité de mes lumières, je reconnaîtrais
» sans peine mon erreur, et je serais très-empressé
» de la confesser.

» Mais il faut pour cela que cette démonstra-
» tion me soit faite ; et j'avoue que jusqu'ici, elle
» n'est pas même commencée. »

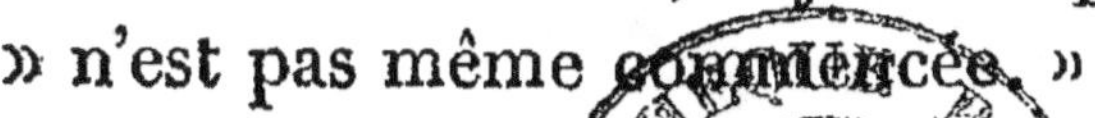

ARMAND SÉGUIN.